박물관에서 보는 작품만이 예술은 아니에요. 예술은 세상을 생각하는 하나의 방식이지요. 모든 곳에서, 그러니까 길에서, 광장에서, 공원에서, 초원에서, 숲에서 혹은 바닷가에서 예술을 만날 수 있어요. 예술을 창작하기 위해 꼭 예술가가 될 필요는 없어요. 누구든 예술적 몸짓이나 행위를 할 수 있어요.

현대 예술가들은 공연과 창작을 통해 세상에 다양한 의미를 전해 왔어요. 지금도 계속하고 있지요. 우리도 그런 예술가들처럼 세상에 관심을 가지고, 친구들과 함께 예술 활동을 해 보아요. 놀이와 비슷해요. 다만 사람들의 생각을 바꾸고 세상의 변화를 목표로 하는 거예요.

우리가 살고 있는 지구의 생태가 아주 위험해졌어요. 세계는 우리를 필요로 해요. 더 늦기 전에 살아가는 습관을 고쳐야 해요. 그리고 다른 이들도 이 문제를 이해할 수 있도록 행동해야 해요.

다른 사람들과 소통하는 좋은 방법이 예술이에요. 예술은 무엇보다 먼저 우리 자신을 변화시켜요. 그리고 어떻게 세상을 바꿀 수 있는지도 가르쳐 줘요. 여러분보다 먼저 시도했던 여러 예술가들로부터 힌트를 얻을 수 있어요. 예술가들의 영감을 따라, 또 설명을 따라 우리도 시도해 보아요.

이 책의 주제는 '지구 환경의 지속 가능성'이에요. 창의적이고 예술적인 놀이를 하면서 이 주제를 더 잘 알고,
또 책임감을 가지자는 행사를 준비하려는 모든 예술가들을 위한 설명서예요.
공공 예술의 사회 참여 활동 중 하나로 볼로냐대학 예술학과에서 기획하고,
프란체스코 스팜피나토가 글을 쓰고 이레네 리날디가 그림을 그렸어요.
'상황주의 예술 작품' 혹은 끊임없는 변화라는 뜻의 '플럭서스'라는 전위예술 작품에서 영감을 받았어요.
시각 예술, 영화, 연극, 음악 등 여러 분야에서 즐거운 활동 10개를 소개해요.
상상력과 지역 사회, 예술의 힘을 활용하는 방법도 나와요.
책을 읽어 가면서 미래를 바꾸기 위해 바로 지금! 행동할 필요가 있다는 걸 알게 될 거예요.
혼자가 아니라 여럿이 함께 한다면 더욱더 좋아요.

지구를 구하는 예술 놀이

예술가들에게서 배우는
10가지 기후 행동

프란체스코 스팜피나토 글 | 이레네 리날디 그림
주효숙 옮김

너머학교

친구, 이웃과 함께 해요

여러분 동네에 과일나무가 있는지 알아보세요.
동네 나무 지도가 있다면 그 나무들 중에서 과일나무를 찾고,
아니면 동네를 걸으면서 나무 이름을 알려주는
스마트폰 앱을 이용해 보아요.

과일이 익으면 이웃들을 초대해서 과일을 따러 가요.
딴 과일로 함께 잼을 만들어요.

그대로 두면 땅에 떨어져 버릴 과일로
맛있는 음식을 만들면서
서로서로 친해지게 될 거예요.

채소로 연주를

아침에 시장에 가서 여러 야채들을 사세요.
당근, 고추 그리고 가지가 한데 어울려
맛있는 국이 만들어지는 걸 상상해 보면서요.

친구들과 함께 야채를 악기로 만들어 봐요.
야채 오케스트라를 하기 위해서요.

칼, 송곳 혹은 드릴을 가지고 당근에 구멍을 뚫으면 플루트처럼 만들 수 있어요. 가지를 다 파내고 마른 콩을 채우면 리듬악기인 마라카스가 되지요.

고추와 애호박은 트럼펫이, 그리고 둥근 여러 개는 타악기 세트가 되지요.

다 같이 연주하고 난 뒤에, 야채를 잘라서 큰 냄비에 넣고 맛있는 요리를 만들어 먹어요.

이웃과 함께 공연을

환경을 존중하는 사회에서 살려면 제일 먼저 바꾸어야 할 게 뭘까요? 또 가장 중요한 건 무엇일까요?

신중하게 생각해 보고 구체적인 목표를 정하세요. 서로 다름을 더 존중하기, 사람들이 서로 화합할 수 있게 하기, 공기 상태 개선하기, 낭비와 소비 줄이기처럼요.

목표를 정한 후에는 진행 내용을 잘 기록하지요.

예를 들어, 사람들이 이용할 수 있는 공공 음수대를 더 늘려 달라고 하면 플라스틱 물병을 줄이는 데 도움이 될 거예요.

또한 개인 승용차를 타는 대신 자전거나 대중교통을 이용하면 숨 쉬는 공기가 달라진다는 걸 실감하게 될 거예요.

먼저 해야 할 활동 목록 옆에, 이 활동을 함께 하면 좋을 사람을 적어요.

그런 다음 마을 공원에서 하는 행진에 사람들을 초대해요.

어떻게 하면 여러분들의 생각을 사람들에게 잘 전할 수 있을지 함께 결정해요.
메시지를 전할 수 있는 다양한 방법들이 있어요.
몇 가지 예를 들어 볼게요.

* 피켓을 디자인하고 글을 써요.
* 주제에 맞는 옷차림을 생각해 봐요.
* 강강술래처럼 함께 어울릴 수 있는 놀이를 해요.
* 공원에 온 다른 사람들을 참여시켜요.

재활용품을 악기로

버리려고 하는 물건들 중에서 골라 보세요. 골판지, 대나무와 플라스틱 튜브, 화분, 유리병, 깡통, 나무 상자, 뚜껑 또는 캔 같은 것들을 말이에요. 버리려던 물건을 새로운 용도로 다시 쓸 수 있다는 걸 생각해 본 적이 있어요?

예를 들어, 악기로 변화시킬 수 있지요. 플라스틱병에 쌀을 넣으면 마라카스라는 타악기가 되지요. 골판지 조각을 잘라 접고 그 안에 병뚜껑을 몇 개 넣고 붙이면 캐스터네츠가 만들어져요. 쓰레기통을 거꾸로 세우면 드럼이 되고요. 아이스크림 막대기 두 개는 여러분의 드럼 스틱으로 쓸 수 있어요.

친구들과 함께 창의력을 마음껏 발휘해 보세요.
그러다 보면 어느새 여러분만의 '재활용 밴드'가 만들어져 있을 거예요.

가상 세계를 만들자

가상 세계를 디자인할 수 있는 무료 프로그램을 다운로드해요. 2050년이나 2100년의 세상을 상상하면서 하나의 세계를 디자인해 보세요. 건물의 형태와 자연 상태에 집중하면서요. 그런데 미래에도 지금과 같은 자연이 존재할까요?

여러분은 문명의 종말 같은 부정적인 미래를 원하나요?

우리 사회가 기후 변화를 막고 자연을 지키는 해결책을 마련한 미래를 상상하는 것이 더 흥미롭지요.

이 가상 세계에 이름을 지어 주고 온라인에서 이용할 수 있게 해요.

그 가상 세계가 북적거리도록 친구들을 초대해요. 그리고 미래에 사람들이 어떤 옷을 입고 어떤 행동을 할지 상상하면서 나만의 '아바타'를 꾸며 봐요.

환경 영화를 함께 봐요

영화를 볼 때, 그 영화가 환경에 관련된 주제를 어떤 방식으로 다루고 있는지 질문해 보아요.

다음과 같이 질문해 보아요.

✱ 영화를 보고 내 안에 어떤 감정(불안, 걱정, 믿음 등)이 느껴졌나요?

✱ 영화가 환경 문제에 대한 해결 방법을 제시하나요?

✱ 만약에 그렇다면 어떤 해결 방법인가요?
영화를 보고 난 후 나의 생각과 행동 중에 바뀐 게 있나요?

소리 산책

숲, 공원, 해변, 언덕 중에서 여러분이 좋아하는 곳을 골라요. 그리고 산책하는 동안에 여러분이 관찰하는 것에서 나는 소리에 집중해요.

덤불 속 나뭇잎이 바스락거리는 소리, 새들이 지저귀는 소리, 시냇물이 졸졸 흐르는 소리, 나뭇가지가 흔들리는 소리, 땅을 밟는 여러분의 발자국 소리, 근처 가게에서 들려오는 사람들의 말소리나 소음을 들어 봐요.

그런 다음 그 장소를 특징짓는 소리를 여러분의
스마트폰을 이용해서 녹음해요.

집에 돌아와서 녹음한 소리를 다시 들으며 그 장소만의 소리를 떠올려 봐요.
이렇게 좋아하는 장소에 갈 때마다 녹음을 하다 보면 나만의
'소리 도서관'을 만들 수 있어요.

자연을 즐기며 놀아요

여러분이 좋아하는 자연 장소를 골라요.
숲, 들판이나 공원의 한 모퉁이, 초원, 강둑이나 호숫가일 수 있어요.
조용히 침묵하며 그 장소를 걷다가 어디에서 발걸음을 멈출지 정해요.

그리고 아주 작고 사소한 것에 오랫동안 주의를
기울여요. 빛과 주변을 돌아다니는 동물들이
어떻게 움직이는지 관찰해요.

이제 그들과 어우러지는 행동을 해 보아요. 시 짓기, 외우고 있는 시 낭송하기, 소리를 내거나 혹은 짧은 멜로디를 흥얼거리기, 춤을 추거나 혹은 다른 동작 등 무엇이든 할 수 있어요.

자연을 아끼며 영화를 찍어요

영화를 찍기로 했다면 이런 규칙을 정하면 어떨까요?

✳ 일회용 플라스틱 물병을 사용하지 말고, 재사용 가능한 물병이나 컵을 준비해서 식수대나 수도물을 받아 사용하기로 해요.

✳ 점심시간에는 걸어서 가장 가까운 근처 식당으로 식사하러 가요. 아니면 집에서 도시락을 싸 와서 점심을 먹어요. 물론 이때도 일회용 냅킨과 일회용 젓가락이나 용기 대신 씻어서 재사용이 가능한 식기만 사용해요.

✳ 촬영 장소에는 별도의 쓰레기 분리 수거함을 마련해요.

✳ 종이에 메모를 적기 전에 태블릿이나 컴퓨터를 사용할 수 있는지 살펴보아요.

✳ 이동할 때는 스쿠터 같은 개인 이동 수단을 이용하기 전에, 버스 등 대중교통을 이용할 수 있는지 알아보아요.

✳ 영화 장면에 사용한 소품을 쓰고 버리기 전에, 아는 사람에게 필요한지 물어보아요. 그 소품을 재활용할 수 있을 거예요.

✳ 여러분이 알고 있는, 영상을 촬영하려는 사람들과 이런 규칙을 함께 나누어요.

땅에 그림을 그려요

여러분이 좋아하는 바닷가, 언덕, 산, 숲 혹은 들판 같은 자연환경을 찾아보아요.

돌, 마른 나뭇잎, 떨어진 나뭇가지, 흙, 모래 등
그 장소에 있는 것들을 하나하나 모아요.

자연에서 찾아낸 이 사물들을 생긴 모양에 따라, 크기에 따라, 색깔별로 나란히 정리해요.
그림을 그려 보고 작은 조각도 만들어요.

며칠이 지난 뒤에, 같은 곳에 가 봐요. 그리고 무엇이 남아 있는지, 어떻게 변했는지 살펴보아요.

더 알아봐요

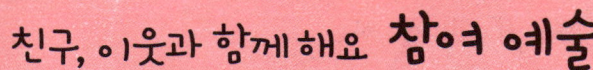

친구, 이웃과 함께해요 **참여 예술**

관객이 예술 행동에 참여하도록 적극적으로 이끄는 예술 방식이에요. 박물관, 미술관 혹은 공공장소에서 진행되는 전시나 공연이나 행사 등에 관객을 참여하도록 하는 거예요. 또 공동체를 만들기 위해 할 수도 있어요. 그냥 놀이에 집중하는 것에서부터 사회적이고 정치적인 차원에서 개인이 책임감을 느끼게 하는 것까지 다양한 목표를 가지고 있어요. 마을의 과일을 따서 함께 잼을 만드는 로스앤젤레스의 폴른 프루트 그룹이 대표적이에요.

환경 영화를 함께 봐요 **에코-시네마**

환경 오염이나 기후 변화와 같은 환경과 관련하여 걱정과 관심을 표현하는 영화예요. 문제를 분석하기도 하고 해결하기 위한 행동을 제시하기도 해요.

가상 세계를 만들자 **생태-미래주의**

지속 가능한 환경이라는 관점에서 미래를 설계하는 방식이에요. 비디오, 설치 미술, 일러스트레이션, 디자인 프로젝트 혹은 디지털 프로젝트 같은 작품을 통해서 말이지요. 생태학과 공상과학을 엮어서, 미래의 환경에 대한 이야기를 들려줘요. 자주 부정적이고 우울한 미래를 그려 내는 반면 우리 지구를 구하기 위한 가능한 해답을 힌트로 주기도 해요. 카오 페이 그리고 존 라프만 등이 만든 예술가들의 가상 세계가 대표적이에요.

자연을 아끼며 영화를 찍어요 **그린 필름**

영화를 촬영하면서 환경에 영향을 최소한으로 줄이려는 목적으로 만든 몇 가지 규칙을 따르고 지키는 그래서, '친환경적'이라고 정의할 수 있는 영화들과 그런 방식의 영상 촬영을 뜻해요. 트렌티노에서 만든 '그린 필름'이라는 초안으로 유럽 전역에 퍼지고 있어요. 현재 더욱 친환경적인 축제를 만들기 위한 규칙 만들기도 진행중이에요.

땅에 그림을 그려요 대지 미술

1960년대 이후 널리 퍼진 예술 활동이에요. 사막, 숲 혹은 산악 지역 같은 자연 장소로 가서 자연물을 활용하여 표현해요. 예술가는 땅, 바위, 나무, 혹은 다른 땅 위의 사물들을 활용하면서 주변 풍경을 최소한으로만 바꾸며 창작 활동을 해요. 이 활동을 비디오와 사진으로 기록해 남겨요. 이렇게 활동한 결과는 대부분의 경우 수십 년 동안 볼 수 있게 남아 있어요. 미국 유타주의 솔트레이크에 1970년에 로버트 스미슨이 만든 460미터 나선형 방파제 '스파이럴 제티'처럼요. (로버트 스미슨의 아내이자 같이 활동했던 예술가 낸시 홀트가 1999년에 디아 아트 재단에 기증했어요.)

재활용품으로 악기를 재활용 밴드

쓰레기를 재활용해서 악기를 만들어요.
이는 창조성 사회성 그리고 협동 정신을 키울 뿐만 아니라 재사용과 재활용의 중요성에 대해 곰곰이 생각하게 해 줘요.
파라과이의 음악 그룹인 레시클라도스 카테우라의 활동이에요.

야채로 연주를 야채 오케스트라

야채 오케스트라는 1998년 오스트리아에서 만들어진 관현악단이에요. 음악가들은 악기처럼 만든 야채만 사용해서 재즈부터 전자 음악까지 다양한 음악을 연주하지요. 공연이 끝나면 연주했던 몇몇 악기를 요리해서 관객들에게 식사를 대접하기도 해요.

자연을 즐기며 놀아요 자연 극장

이 극장에서 공연 장면은 자연 공간, 풍경이지요.
모든 말, 움직임, 소리는 그 공연에 영감을 준
자연 생태계와의 만남을 생각하게 해 줘요.
시스타 브라미니가 창립한 티아소스 자연 극장이 대표적이에요.

이웃과 함께 공연을 사회 극장

학교, 재활 센터, 다양한 종류의 공동체, 동사무소, 변두리 등, 여러 장소에서
펼쳐지는 일종의 연극인 셈이에요. 그곳에 사는 사람들과 함께, 즉 지역 사회가
능동적으로 공연을 준비하고 참여하도록 이끄는 거지요. 그러니 이 공연은 지역 사회가
새로운 예술을 만드는 공동 작업의 결과인 셈이에요. 볼로냐대학교 예술학과
담스(DAMS)의 초창기 주요 인물인 극작가 줄리아노 스카비아가 대표적이에요.

소리 산책 소리 박물관

이 활동은 우리 주변 환경의 소리를 듣기에 집중하는 거예요.
우리가 살아가는 풍경의 소리에 주의를 기울이려는 거지요.
우리가 사는 곳의 변화를 알아챌 수 있는 방법을 훈련하는 거예요.
1960년대부터 활동하는 캐나다 작곡가 레이몬드 머레이 스카퍼가
제안했어요.

글을 쓴 **프란체스코 스팜피나토**는

현대 미술과 미디어와 과학 기술과 문학을 아울러 공부해 온 볼로냐대학교 예술학과 현대미술사 전임 교수예요. 유럽 및 아프리카의 여러 대학과 함께 환경의 지속 가능성을 주제로 새로운 교육 프로젝트를 진행하고 있어요. 『함께 하기: 협동 예술과 디자인의 부상 기관으로서의 예술』, 『지역 사회에서 예술의 사회적 정치적 가치』 등 여러 책을 썼어요.

그림을 그린 **이레네 리날디**는

로마에서 태어나 살고 있는 일러스트레이터이자 화가예요. 판화에 깊은 애정을 가지고 판화 기법을 활용한 다채로운 작업을 하고 있어요. 『꼬리를 무는 베아트리체의 동화』 책에 그림을 그렸고, 「뉴욕타임즈」, 「워싱턴 포스트」를 비롯한 세계의 신문과 잡지에도 그림을 그려요.

옮김 **주효숙**

한국외대 이탈리아어과와 같은 학교 대학원을 졸업하고, 이탈리아 페루자 국립언어대학에서 이탈리아어 교사자격증을 땄으며, 한국외대에서 비교문학 박사학위를 받았어요. 지금은 한국외대에서 강의를 하고 있어요. 옮긴 책으로 『돈까밀로와 양떼들』, 『돈까밀로와 작은 세상』, 『돈까밀로의 사계』, 『돈 까밀로 힘내세요』, 『시간의 지도』, 『색의 지도』, 『지구를 위한 분해 연습』 등이 있어요.

지구를 구하는 예술 놀이

2025년 8월 30일 초판 1쇄 인쇄
2025년 9월 25일 초판 1쇄 발행
글쓴이 프란체스코 스팜피나토
그린이 이레네 리날디
옮긴이 주효숙
펴낸이 김상미, 이재민
편집 정진라
디자인 김세진
펴낸곳 (주)너머_너머학교
주소 서울시 서대문구 증가로20길 3-12 1층
전화 02)336-5131, 335-3366, 팩스 02)335-5848
등록번호 제313-2009-234호
ISBN 979-11-92894-62-1 77400, 978-89-94407-89-9 77400(세트)

FACCIAMO PRESENTE
by Francesco Spampinato and Irene Rinaldi
© Topipittori, Milan 2025
http://www.topipittori.it
All rights reserved.
Korean translation copyright © 2025 Nermer
Korean translation rights arranged with Topipittori through Orange Agency.

너머북스와 너머학교는 좋은 서가와 학교를 꿈꾸는 출판사입니다.
https://blog.naver.com/nermerschool

| 너머학교 역사 그림책 시리즈 |

아마존에서 조선까지 고무 따라 역사 여행
최재인 글 | 이광익 그림

조선에서 파리까지 편지 따라 역사 여행
조현범 글 | 강전희 그림

식탁에서 약국까지 설탕 따라 역사 여행
김곰 글 | 김소영 그림

하늘로 날아
샐리 덩 글·그림 | 허미경 옮김

세종로 1번지 경복궁 역사 여행
장지연 글 | 여미경 그림

망치질하는 어머니들 깡깡이마을 역사 여행
박진명 글 | 김민정 그림

한강에 살아요
장지연 글 | 전지 그림

용산이 꿈틀꿈틀
이명석 글 | 김민정 그림

시간의 지도 정말 아름다운 세계사
톰마소 마이오렐리 글 | 카를라 마네아 그림 | 주효숙 옮김

색의 지도 빛, 안료, 그리고 아름다운 시선
톰마소 마이오렐리 글 | 카를라 마네아 그림 | 주효숙 옮김

어린이 의학도를 위한 놀라운 의학사
브라이오니 허드슨 글 | 닉 테일러 그림 | 신동경 옮김

지운, 지워지지 않는
엘리자베스 파트리지 글 | 로런 타마키 그림 | 강효원 옮김

놀라운 돈의 역사
알렉스 울프 글 | 닉 테일러 그림 | 이규리 옮김

| 너머학교 역사 교실 시리즈 |

중국 이야기 다시 천하의 중심을 꿈꾸다
허용우 글 | 장숙희 그림

나의 첫 세계사 타이완 공부
쉬야오윈 글 | 쥬쯔 그림 | 신주리 옮김